Mac Lesggy

Mes drôles de questions sur

Les animaux sauvages

Philippe Bonnel

Richard Poisson

Didier Georget *illustrations*

ISBN 2 915 127 18 2
Direction éditoriale : Caroline Facy, Stéphanie Pelleray
Coordination marketing : Céline Trancart
Conception graphique : Florence Magnier,
Stéphane Robert et Alexia Levy
Relecture / correction : Claude Thomas et Michèle Cohen

Pour **Arthur, Emilie,**
Jeanne, Joseph, Julie,
Lolita 1, Lolita 2, Lou,
Marcel, Marie, Mattéo,
Victor, Zoé et… tous les autres.

Dans la même collection

La vie quotidienne

Le corps humain

L'histoire de France

Mac Lesggy

Mes drôles de questions sur

Les animaux sauvages

Philippe Bonnel

Richard Poisson

Didier Georget *illustrations*

Les scientifiques ont, à ce jour, répertorié sur Terre un million et demi d'espèces. Mais ils pensent qu'il en existe au moins 10 fois plus !
Des plus petits aux plus grands, des plus lents aux plus rapides, des plus intelligents aux plus bêtes, les animaux constituent un monde d'une extraordinaire diversité. Savez-vous que les termites installent la climatisation dans leurs habitations collectives ?
Que la salamandre de Sibérie survit à une température de moins 35 degrés ? Que les baleines peuvent s'envoyer des messages à plus de 800 kilomètres de distance ?
Dans ce livre, vous trouverez les réponses à ces questions et à bien d'autres tout aussi étonnantes ! Vous y découvrirez les incroyables performances de nos amis les animaux, dans tous les domaines : vitesse, intelligence, adaptation à l'environnement...

Bonne lecture !

Le Quiz
d'ouverture

Vous connaissez sûrement sur le bout des doigts la biologie de votre chien, de votre chat ou de votre hamster… Mais qu’en est-il des autres espèces ? Avez-vous les connaissances de base que se doit de posséder tout biologiste en herbe ?

Pour le savoir, avant d’entamer la lecture de ce livre, je vous propose ce petit test. Répondez aux trente questions suivantes, puis comptez vos bonnes réponses, **les solutions sont en page 19.**

1 **À quel ordre de mammifères appartient le ouistiti ?**

a ❑ Les lémuriens.

b ❑ Les rongeurs.

c ❑ Les singes.

2 **À quelle vitesse maximale court le guépard ?**

a ❑ 75 km/h.

b ❑ 100 km/h.

c ❑ 154 km/h.

3 **Lequel de ces trois animaux n'est pas un mammifère ?**

a ❑ Le mammouth.

b ❑ L'ornithorynque.

c ❑ La langouste.

4 **Laquelle de ces espèces marche en colonne ?**

a ❑ Le manchot.

b ❑ Le gendarme.

c ❑ Le yack.

5 Où trouve-t-on du plancton ?

a ❑ Au-dessus de 4 000 mètres d'altitude.
b ❑ Dans les océans.
c ❑ Dans la poche placentaire des mammifères.

6 Qu'appelle-t-on « espèce fossile » ?

a ❑ Une espèce qui vit au fond des grandes fosses océaniques.
b ❑ Des animaux recouverts d'os.
c ❑ Une espèce qui n'a pas évolué depuis des millions d'années.

7 Laquelle de ces affirmations sur les moustiques est vraie :

a ❑ Seule la femelle pique.
b ❑ Les deux piquent.
c ❑ C'est le mâle qui pique.

8 Quelle créature marine est réputée pour ses chants ?

a ❑ La sirène.
b ❑ La baleine.
c ❑ La langouste.

9 Quelle est la particularité des animaux qui vivent au fond des gouffres ?

a ❑ Ils n'ont pas peur de l'homme.
b ❑ Ils sont translucides et aveugles.
c ❑ Ils ne mangent pas.

10 Cherchez l'erreur :

a ❑ Tous les mammifères ont des poils.
b ❑ Une espèce de mammifères pond des œufs.
c ❑ Seuls les oiseaux ont des becs.

11 Combien d'espèces d'animaux connaissons-nous ?

a ❑ 958.
b ❑ On ne sait pas.
c ❑ 1 million et demi.

12 Quel est le rapport entre une grenouille et un crapaud ?

a ❑ Le crapaud a la peau rugueuse, la grenouille lisse.
b ❑ Le crapaud est le mâle de la grenouille.
c ❑ Les crapauds sont plus gros que les grenouilles.

13 Entièrement climatisées, elles peuvent contenir jusqu'à 5 millions d'individus :

a ❑ Les fourmilières.

b ❑ Les termitières.

c ❑ Les taupinières.

14 La bête du Gévaudan a-t-elle existé ?

a ❑ Oui, c'était un loup.

b ❑ Non, c'est une légende.

c ❑ Oui, c'était une horde de chiens dressés.

15 Qu'est-ce que le tigre blanc ?

a ❑ Une espèce vivant en Sibérie.

b ❑ Un animal légendaire issu de la tradition bouddhiste.

c ❑ Un tigre albinos.

16 Le golden retriever est...

a ❑ Un renard doré vivant au-delà du cercle polaire.

b ❑ Le meilleur chien d'aveugle.

c ❑ Un pacte destiné à protéger les espèces menacées.

17 Pourquoi le lama crache-t-il ?

a ❑ Pour se débarrasser des cosses de graines.

b ❑ Pour marquer son territoire.

c ❑ Parce qu'il n'est pas content.

18 Quelle distance parcourt un escargot en une minute ?

a ❑ 1 centimètre.

b ❑ 30 centimètres.

c ❑ 1 mètre.

19 Parmi ces trois serpents, lequel n'est pas une vipère ?

a ❑ Le mocassin.

b ❑ La péliade.

c ❑ L'aspic.

20 Que portent les chouettes et les hiboux autour des yeux ?

a ❑ Des plumes antireflet.

b ❑ Un masque facial.

c ❑ Rien de particulier.

21 Je pèse 1,5 gramme et je bats des ailes 200 fois par minute. Qui suis-je ?

a ❑ La mouche tsé-tsé.

b ❑ La chauve-souris.

c ❑ L'oiseau-mouche.

22 Comment les taureaux voient-ils le monde ?

a ❑ Ils distinguent surtout le rouge.

b ❑ Ils voient en noir et blanc.

c ❑ Comme nous.

23 Que font les taxidermistes ?

a ❑ Ils couvent les œufs selon une programmation préétablie.

b ❑ Ils véhiculent les animaux et les relâchent dans la nature.

c ❑ Ils naturalisent les animaux décédés.

24 Quels animaux disposent de coussinets adhésifs pour s'agripper aux parois ?

a ❑ Les lézards.

b ❑ Les chamois.

c ❑ Les macaques.

25 Qu'est-ce qui distingue les crocodiles des alligators ?

a ❏ Ils sont plus grands.

b ❏ Leurs dents dépassent quand ils ferment la gueule.

c ❏ Ils vivent en Afrique, les alligators en Amérique.

26 Lequel de ces oiseaux vole-t-il ?

a ❏ Le pingouin.

b ❏ Le manchot.

c ❏ L'émeu.

27 Où les poissons stockent-ils les odeurs qui leur permettent de communiquer ?

a ❏ Dans les branchies.

b ❏ Dans la bouche.

c ❏ Sous les écailles.

28 Quel maladie le rat noir a-t-il introduit en Europe au Moyen Âge ?

a ❏ Le sida.

b ❏ La grippe.

c ❏ La peste.

29 Que contient la bosse du dromadaire ?

a ❑ De l'eau.

b ❑ De la graisse.

c ❑ Du fourrage prédigéré.

30 Pourquoi, depuis 1844, les lévriers sont-ils interdits de chasse en France ?

a ❑ Trop fragiles, ils se brisaient les pattes en courant.

b ❑ Trop rapides, ils ne laissaient aucune chance au gibier.

c ❑ Parce qu'ils échappaient à leurs maîtres et retournaient à la vie sauvage.

Réponses

1c — 2b — 3c — 4a — 5b — 6c — 7a — 8b — 9b

10c — 11c — 12a — 13b — 14a — 15c — 16b — 17c

18b — 19a — 20b — 21c — 22b — 23c — 24b — 25b

26a — 27c — 28c — 29c — 30b

Comptez vos mauvaises réponses

Entre 0 et 9 mauvaises réponses

Vous êtes un expert et ce livre servira surtout à enrichir vos très bonnes connaissances.

Entre 10 et 19 mauvaises réponses

Les drôles de questions et leurs réponses contenues dans ce livre ne peuvent faire que du bien à votre savoir un peu chancelant.

Plus de 20 mauvaises réponses

Vous croyez que les dinosaures existent encore ! Lisez vite ce livre, il vous sera très utile.

D'où vient **le nom du ouistiti** ?

Du cri qu'il pousse le plus fréquemment ! En effet, «ouistiti» semble en être la traduction la plus fidèle. Il faut savoir que les vocalises de ce petit singe d'Amérique du Sud s'apparentent à un véritable numéro d'imitation : il croasse, pépie, siffle, gazouille à qui mieux mieux… C'est le naturaliste français Buffon qui, en l'entendant en 1767, le baptisa ainsi.

Quel est l'animal **le plus rapide** ?

Le plus rapide de tous les êtres vivants est le faucon pèlerin. En piqué, quand il fond sur une proie avec un angle d'attaque de 45°, il atteint 350 km / h. Pour ne rien gâter, ce rapace est doté d'une vue «d'aigle» : il repère un pigeon à une distance de 8 kilomètres. Sur terre, le roi du sprint demeure le guépard, chronométré à 100 km/h. Mais notre daim national le talonne avec un record à 95 km/h. Tous les deux sont pourtant battus par un poisson : des mesures effectuées dans les eaux de l'Atlantique, en Floride, attribuent à un poisson nommé «voilier cosmopolite» la vitesse de 110 km h.

Pourquoi les oiseaux **se lissent-ils les plumes** ?

Tous les oiseaux se lissent les plumes à l'aide de leur bec fermé. Cette activité quotidienne leur permet de raccrocher entre elles les milliers de barbules qui bordent leurs plumes, le long des barbes. Ces barbules sont de petits crochets qui relient les plumes les unes aux autres et sans lesquelles les oiseaux ne pourraient pas voler. Sans elles, le plumage perdrait également ses vertus isolantes du froid et de l'humidité. De temps en temps, les oiseaux pressent avec leur bec leur glande urogypienne située sur le croupion. Ils recueillent ainsi une substance dont ils enduisent ensuite leurs plumes en les lissant. Celle-ci maintient leur plumage en bon état, l'imperméabilise, tue les bactéries et les champignons.

À quoi sert
le chant des oiseaux ?

Désolé, mais les admirables trilles et autres vocalises qui charment nos oreilles sont des menaces adressées à leurs congénères. Ces chants guerriers atteignent leur intensité maximale au printemps, au mo-

ment où les oiseaux prennent possession de leur territoire. Ils servent aussi à attirer les femelles. Elles choisissent leur compagnon en fonction des qualités de son organe vocal : endurance et rythme du chant. Chez les oiseaux comme chez les hommes, la «tchatche» permet parfois de sauver les apparences.

Quel est le secret du **saut des puces** ?

Il a fallu attendre 1960 pour découvrir le secret de ces sauts incroyables. La puce, qui mesure entre 1 et 8 millimètres, est capable d'accomplir des sauts de 30 centimètres ! Elle possède, entre le thorax et les pattes postérieures, deux boules de résiline, la substance la plus élastique que l'on connaisse. Comme deux ressorts, ces deux boules se compressent, puis se détendent brutalement au moment du saut. L'accélération qui en résulte est 140 fois supérieure à l'accélération provoquée par la gravitation terrestre, plus de 20 fois à l'accélération subie par un pilote de chasse. Pour atterrir en douceur, la puce gonfle des sacs situés sous ses pattes. L'homme a utilisé ce même système pour faire atterrir des robots sur la surface de Mars.

Pourquoi les **mammifères** ont-ils des **poils** et des **mamelles** ?

Parce que, sinon, ils ne seraient pas des mammifères. Quels points communs y a-t-il, en effet, entre un être humain, une baleine, un hérisson, une vache et une guenon : le poil et le sein. Le poil protège le corps et maintient sa température. Quant à la mamelle, elle garantit un repas chaud, équilibré, riche en lipides, glucides et protides à toute heure du jour et de la nuit, et à domicile…

Existe-t-il d'autres espèces capables de **changer de couleur**, comme le caméléon ?

Les calmars, ou calamars, sont encore plus doués que le caméléon. On les surnomme d'ailleurs les « caméléons des mers ». Il faut, en effet, moins d'un vingtième de seconde à un calamar pour changer de couleur, contre une vingtaine de minutes à un caméléon. Capable d'arborer les livrées les plus éclatantes, le calamar possède un registre très varié : parade amoureuse, chasse, fuite devant un prédateur, à chaque situation correspond un message coloré. Sous la peau, trois couches de sacs pigmentaires, les chromatophores, fonctionnent comme une palette de peintre. Rouge en profondeur, jaune en surface et orange entre les deux. En contractant ou en dilatant ces sacs, le calamar compose les couleurs extérieures de son choix.

Pourquoi **les manchots** marchent-ils **en colonnes** ?

Parce qu'ils posent leurs pattes dans les empreintes de leurs prédécesseurs. Cette méthode évite les bousculades et leur permet de se serrer au plus près. Ainsi, les manchots empereurs luttent mieux contre le vent et le froid. Pendant l'hiver, les colonnes de manchots qui se déplacent adoptent également des principes de roulement : ceux du centre, « au chaud », échangent régulièrement leur place avec ceux des bords, « au froid ».

Comment **les piverts** font-ils pour **taper si fort** sur les troncs d'arbre ?

L'anatomie de ce petit oiseau est aussi perfectionnée que celle d'un marteau pneumatique dernier cri ! Aucune créature de cette taille ne survivrait à la violence de ces coups sans le dispositif antichoc du pivert. Afin d'éviter les risques de fracture du crâne, les os de sa mâchoire sont isolés de la boîte crânienne. Il dispose également d'un muscle situé sous la mâchoire qui, à la manière d'un airbag, absorbe les chocs. Quant à son cerveau, il est solidement arrimé à la boîte crânienne, ce qui permet aussi d'amortir les coups. Enfin, le pivert est doté d'une technique de frappe exceptionnelle. Il répète toujours le même geste à la manière d'un métronome, avec le même angle d'attaque. Il évite ainsi les forces de rotation qui finiraient par détruire cette belle mécanique de précision.

À quoi sert **la trompe des dindons** ?

Cette excroissance de peau qui repose sur le bec est une trompe érectile. Pendant la saison des amours, elle s'étire et se gorge de sang pour séduire la femelle. Les excroissances que le dindon porte au cou, appelées caroncules, remplissent la même fonction. Tous ces caractères sexuels secondaires favorisent le rapprochement avec les femelles.

Quelles sont les étapes de la vie d'une **fourmi** ?

Chez les fourmis rousses (dont certaines colonies peuvent compter 300 millions d'individus), les jeunes sont chargées d'élever les petits. Elles doivent empiler les œufs, les transporter dans différentes chambres d'incubation, leur faire prendre l'air. Elles toilettent également les larves et les nymphes, et les nourrissent à la becquée. Après sa période de nounou, la fourmi entame une carrière de ménagère : nettoyage du nid et réparations diverses sont au programme. En échange de son bon de sortie, au bout d'un an de service, elle devra entretenir le réseau routier, le signaliser en déposant des odeurs, mais aussi le défendre en repoussant les intrus avec des nuages d'acide. En fin de carrière, la fourmi se consacre à la chasse et à l'élevage des pucerons et va même jusqu'à les traire pour alimenter les larves. Les fourmis les plus robustes ne dépassent pas l'âge de 2 ans.

Quels sont les **mammifères les plus rares** ?

Sur terre, le rhinocéros de Java, beaucoup plus petit que son cousin d'Afrique et doté d'une seule corne, est considéré comme le mammifère le plus rare au monde. En revanche, et malgré un témoignage oculaire remontant à 1982, il semblerait que le loup de Tasmanie ait disparu. Le dernier spécimen connu de ce marsupial carnivore s'est éteint en captivité, au zoo de Hobart, en Tasmanie. C'était en 1936. On est sans nouvelles, non plus, du marsouin. Aucun de ces mammifères marins apparentés aux dauphins n'a été aperçu depuis 1980. Il est tout à fait possible qu'il se soit éteint dans des circonstances dramatiques. Des centaines de milliers de marsouins sont morts dans les filets dérivants des chalutiers au cours des cinquante dernières années.

Les animaux ont-ils **la notion** du **temps** ?

Conscience du temps, non. Notion de l'heure, oui. Un chien laissé à l'entrée d'un magasin, par exemple, n'aboie pas parce qu'il trouve le temps long, mais parce qu'il a peur d'être abandonné. En revanche, les vaches disséminées dans un pré se rassemblent spontanément quand l'heure de regagner l'étable approche. Les animaux interprètent parfaitement les signes de la nature : luminosité, variations de température, mouvements des astres. Ils sont, de plus, assistés par des horloges biologiques situées dans les cellules. En 1997, deux gènes chronomètres des mammifères ont été identifiés. Une hormone secrétée pendant la nuit, la mélatonine, joue le rôle d'horloge quotidienne et saisonnière. Les éleveurs de visons s'en servent pour stimuler la production de fourrure chez cet animal.

La longévité des animaux

est-elle proportionnelle à leur taille ?

En général, oui. Les éléphants, par exemple, vivent jusqu'à 75 ans. Mais la longévité dépend également du stress et des conditions de vie. En captivité, malgré la privation de liberté, certains animaux atteignent des âges canoniques. Tui Malila, tortue à rayons de Madagascar offerte par le capitaine Cook à la famille royale de Tonga en 1773, vécut 188 ans !

Qu'est-ce qu'une **souris transgénique** ?

C'est une souris dont le patrimoine génétique a été modifié par l'addition d'un gène provenant d'une autre espèce, animale ou végétale. Grâce au génie génétique, il est en effet possible d'implanter, sur un embryon de souris, un ou plusieurs gènes provenant de l'homme, de la pieuvre ou du pétunia ! On peut ainsi créer une lignée de souris porteuses de ces gènes. On a, comme cela, mis au point des souris obèses, des souris sans poils, des souris diabétiques, des souris phosphorescentes… Ces animaux de laboratoire constituent le meilleur modèle pour étudier les maladies héréditaires humaines. De plus, ils se reproduisent vite et bien.

Quelles distances peuvent parcourir **les oiseaux migrateurs** ?

De 800 kilomètres pour le puffin des Anglais, qui se reproduit à Madère et hiberne en Grande-Bretagne, jusqu'à 17 000 kilomètres pour le sterne arctique qui niche au Groenland et migre sur les rivages de l'Antarctique. En général, les vols s'effectuent au-dessous de 1 500 mètres d'altitude, mais certaines espèces de petite taille ont été repérées à 6 000 mètres. Mieux : les oies cendrées de Sibérie, qui migrent dans la vallée du Gange, franchissent la barrière de l'Himalaya en volant à 7 000 mètres d'altitude. Elles voyagent dans un air raréfié, sans s'alimenter, et perdent au cours de cette odyssée un tiers de leur poids.

Qu'est-ce que **le plancton** ?

Présent dans tous les océans du globe, le plancton est l'ensemble des petits organismes qui vivent en suspension dans l'eau de mer. Ce véritable pâturage de la mer est constitué de myriades de micro-organismes. Dans le phytoplancton ou plancton végétal, on trouve par exemple des plantes comme les diatomées dont les plus grandes ne mesurent que 0,2 millimètre. Dans les mers froides, on dénombre jusqu'à 15 millions de diatomées par litre. Ce phytoplancton sert de garde-manger à de minuscules animaux, eux-mêmes regroupés sous le nom générique de zooplancton ou plancton animal : il est constitué d'œufs de poissons, de larves de crabes, de vers, d'étoiles de mer... Ces créa-

tures mesurant toutes entre 1 et 5 millimètres de longueur. Ce plancton animal constitue la nourriture d'animaux encore plus gros. Les eaux de mer riches en plancton sont relativement troubles et verdâtres. D'ailleurs, pour les 20 000 espèces de poissons et les 40 000 espèces de mollusques qui peuplent nos océans, le bleu symbolise plutôt la couleur du désert.

Pourquoi n'existe-t-il pas d'**animaux** à **pelage vert** ?

Il en existe ! Peu, mais il en existe. Des singes comme les babouins d'Afrique ou les macaques d'Asie ont un pelage verdâtre. Certains gros rongeurs d'Amérique du Sud aussi. En fait, la plupart des autres animaux n'arborent pas cette couleur car ils ne la distinguent pas. Les babouins, en revanche, voient le vert. Ce qui leur permet de reconnaître leurs congénères et aussi de se dissimuler dans leur environnement.

Pourquoi le **vautour** est-il **chauve** ?

Contrairement à certains humains qui deviennent chauves, le vautour vient au monde le crâne totalement dégarni. C'est pour s'adapter à sa fonction de charognard que l'évolution à sélectionné les individus présentant cette particularité. Avec son crâne déplumé, le vautour peut déchirer la chair de ses proies et même plonger la tête et le cou dans leurs viscères sans trop se salir.

Qu'appelle-t-on « **espèce fossile** » ?

Il s'agit d'espèces vivantes qui n'ont pas évolué depuis la nuit des temps. Les représentants de ces espèces sont en tous points semblables à leurs ancêtres vieux de plusieurs millions d'années. L'exemple le plus étonnant est peut-être celui du cœlacanthe. Ce poisson osseux, très primitif, a été pêché vivant en 1938 dans le détroit de Madagascar. On le croyait disparu depuis 60 millions d'années ! En comparant ce spécimen à son fossile, on a constaté que l'évolution n'avait eu aucune prise sur cet animal. Contrairement aux animaux des terres émergées, les créatures marines des grandes profondeurs vivent dans un milieu très stable. À l'abri de la pollution, ignorant les cataclysmes climatiques, ayant les mêmes conditions d'éclairement, de pression, de température et de salinité que leurs ancêtres, ces êtres fantomatiques sont les témoins immobiles d'un passé révolu. Pour les cœlacanthes qui ont connu le règne des dinosaures, le temps de l'homme représente une goutte d'eau dans un océan d'éternité !

En combien de temps un **castor** abat-il un **arbre** ?

On estime qu'un castor adulte, en pleine force de l'âge, est capable d'abattre un arbre de 50 centimètres de diamètre en 30 minutes. Ces rongeurs bâtisseurs de barrages causent des dégâts considérables dans les forêts où ils prélèvent des arbres. On a déjà mesuré au Canada un barrage de castor long de 630 mètres !

Les **animaux** utilisent-ils **des outils** ?

Le cas le plus connu est celui des chimpanzés. Ils se servent de tiges pour attraper les termites dans leurs galeries et utilisent aussi des éponges pour boire de l'eau. D'autres espèces, moins intelligentes, ont recours à un outil : les corbeaux de Nouvelle-Zélande fabriquent des crochets en bois pour attraper, sous l'écorce des arbres, les larves dont ils se régalent.

Quel est **le plus petit** animal de la planète ?

Il s'agit du rotifère. Ce ver d'un centième de millimètre, formé d'un millier de cellules, vit en eau douce. Environ cent fois plus petit qu'une puce, c'est le plus petit organisme vivant pluricellulaire. Même au microscope, il est très difficile à observer car son corps est transparent ! Son nom, qui signifie «porte-roue», lui a été attribué à cause des deux couronnes de cils qui tournent autour de sa bouche. Elles lui permettent à la fois de nager et d'aspirer ses proies.

À quelle **vitesse** le **caméléon** lance-t-il sa **langue** ?

Le caméléon lance sa langue à la vitesse de 5 mètres par seconde, soit 18 km/h. Celle-ci se termine par un petit renflement, comme une massue. La victime est assommée, puis engluée dans la bave collante que fabrique le caméléon. Ce lézard possède une autre particularité : il peut chasser deux proies en même temps. Pendant que son œil droit observe un papillon devant lui à droite, le gauche peut surveiller une sauterelle derrière lui.

Le **yeti** existe-t-il ?

Même si l'alpiniste italien Reinhold Messner prétend l'avoir photographié, aucune preuve matérielle ne peut attester de son existence actuelle. Car le yeti de son cliché ressemble autant à un gros rocher noir posé sur un névé qu'à l'abominable homme des neiges ! Pourtant, le « migou », comme l'appellent les habitants des contreforts himalayens, a existé. Cet anthropoïde gigantesque atteignait 3 mètres sous la toise et pesait environ 300 kilos. Il se nourrissait de racines, de tubercules, de graines et de petits animaux. Son territoire était situé à cheval sur la Chine, le Pakistan et l'Inde. On a retrouvé des fragments de mâchoires, des mandibules complètes, ainsi que des dents deux fois plus grandes que celles d'un gorille. Gigantopithecus (c'est le nom scientifique de ce King Kong tibétain) avait l'apparence d'un gorille, mais il vivait au sol, il y a un million d'années. A-t-il survécu ?

Est-il vrai que les moustiques **mâles ne piquent pas** ?

Affirmatif. Madame pique et Monsieur... butine. Pour les femelles, la ponte exige une telle énergie que seule une goulée de sang, très riche en protéines, permet d'y pourvoir. Le mâle, lui, dispensé de l'exercice épuisant de la ponte, se contente d'aliments sucrés qu'il trouve, notamment, dans le nectar des fleurs.

Pourquoi les piqûres de moustiques ne **grattent-elles qu'après** ?

Excellente observation. Une fois sa victime choisie grâce au dégagement de gaz carbonique de la peau, le moustique plonge sa trompe buccale dans un vaisseau sanguin. Pour éviter de se faire repérer, le coquin injecte au préalable un liquide anesthésiant et anticoagulant. Ni vu ni connu, il peut alors tranquillement faire le plein. Malheureusement, l'effet anesthésiant s'estompe rapidement. Sous la peau, il ne reste plus que les protéines anticoagulantes qui, elles, provoquent des réactions irritantes.

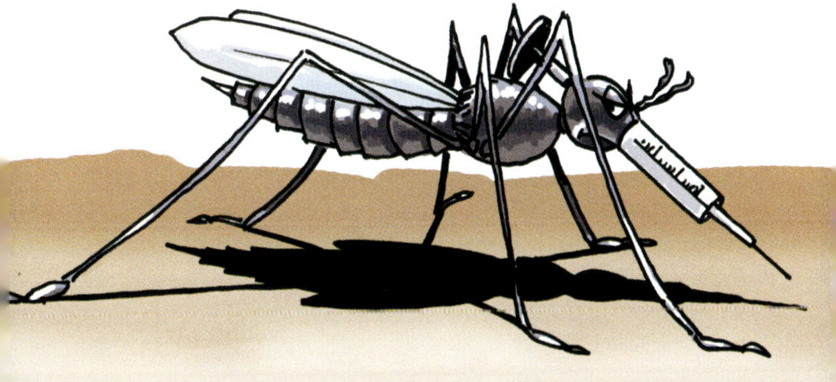

Existe-t-il des **virus communs** aux hommes et aux animaux ?

Les plus connus sont le virus de la grippe auquel les canards et les cochons chinois sont aussi sensibles que nous et, bien sûr, celui de la rage qui, en Europe, est véhiculé par le renard roux, les animaux domestiques étant, eux, vaccinés contre ce virus.

Le chant des oiseaux **est-il inné** ?

Oui et non. Une partie est héritée des parents, l'autre acquise au contact des congénères. Attention, certains oiseaux chantent comme des casseroles en répétant toujours la même phrase courte. Mais d'autres possèdent un répertoire digne de la Callas ! Incontestable Pavarotti à plumes, le rouge-gorge connaît plusieurs centaines de chants. Il est capable d'imiter des rivaux, tout en étant parfaitement identifié par sa partenaire. Il se perfectionne au contact des autres mâles et peut, selon son inspiration, ajouter certains motifs à ses mélodies favorites. Quel talent !

Quelle est la **force** de traction d'une **étoile de mer** ?

La force de traction d'une étoile de mer rouge, espèce très commune sur nos côtes, est estimée à 5,5 kilos dans chaque bras : c'est le poids que celui-ci pourrait soulever. Pour un humain, cela équivaudrait à une force d'une tonne dans chaque main ! Cette puissance paraît tellement invraisemblable que les zoologues du XIXe siècle pensaient que les étoiles de mer hypnotisaient les coquillages pour les forcer à s'ouvrir.

D'où viennent les **poissons** d'**aquarium** ?

La plupart de nos poissons d'aquarium proviennent d'Asie du Sud-Est, d'Amérique latine et d'Europe de l'Est. Les poissons d'eau douce représentent 98% de cette population. Pour 85% d'entre eux, ils sont d'élevage, les 15% restants sont pêchés. Ils sont ensuite acheminés par avion jusque chez nous.

Pourquoi **l'accouplement** est si **différent** selon les espèces ?

Il semblerait que ces différences, portant notamment sur la durée de l'acte sexuel, dépendent essentiellement de la crainte des prédateurs. D'après certains spécialistes, plus l'espèce a d'ennemis, plus les ébats amoureux sont

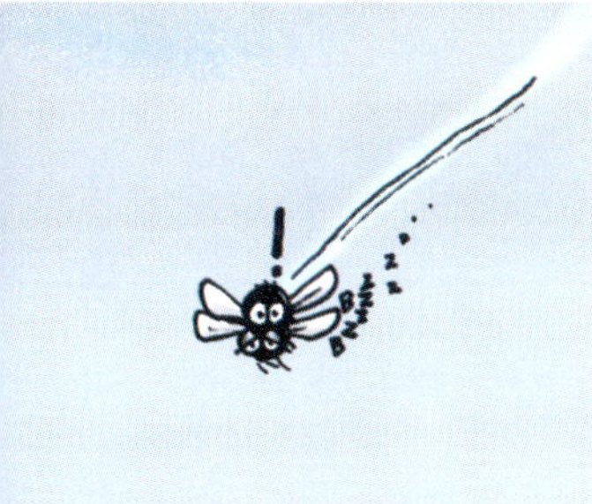

brefs. Chez le martinet (un oiseau migrateur), le rapport sexuel ne dure que quelques dixièmes de seconde… En revanche, on a enregistré une étreinte record de 22 heures et 45 minutes chez une espèce californienne de crotales (des serpents à sonnette). Les lions qui, eux aussi, ne craignent pas grand monde, peuvent s'accoupler 170 fois en 60 heures ! Le cas de la mouche est encore différent : l'espèce a beaucoup de prédateurs mais elle est tellement prolifique que sa survie ne dépend pas de la disparition d'un couple de mouches amoureuses. Les rapports peuvent donc durer de quelques secondes à une heure… Selon affinités.

Comment font certains **lézards** pour marcher **sur les murs** ?

Le plus doué d'entre eux, le gecko, arpente sans difficulté des surfaces en verre et peut aussi marcher au plafond. L'extrémité de ses doigts est tapissée d'écailles kératinisées. La kératine est une protéine secrétée par les cellules de l'épiderme. Chez le gecko, ces écailles sont recouvertes de millions de cils microscopiques, recourbés comme des hameçons et qui fonctionnent à la manière d'un Velcro.

Quel est l'animal **le plus sensible** à la chaleur ?

63

Le crotale est sans rival. Ce serpent possède sous les écailles, dans le derme, des récepteurs sensoriels capables de détecter une différence de chaleur de 0,003 °C. Un tel système permet à ce prédateur de chasser n'importe quelle proie dans l'obscurité la plus totale.

À quelle race appartenaient les **éléphants** de guerre d'**Hannibal** ?

C'étaient des éléphants gétules, une espèce un peu moins grande que l'éléphant d'Afrique actuel. Il y a 2000 ans, l'Afrique du Nord était recouverte de forêts et l'éléphant gétule y prospérait. Malheureusement, l'espèce n'a pas survécu longtemps à la ruine de Carthage. Elle a décliné et a péri comme ses anciens maîtres, réduite en esclavage par les Romains quand elle n'était pas jetée en pâture aux « jeux du cirque ».

Qu'est-ce que **le chant des baleines** ?

C'est un des concerts les plus merveilleux qu'il soit donné à entendre. Ces mélodies d'une finesse et d'une richesse uniques dans le règne animal sont dignes d'un orchestre symphonique. Les plus douées sont les baleines à bosse : elles peuvent émettre plus de mille sons grâce aux mouvements des os de leur boîte crânienne. De plus, ces chants sont d'une puissance phénoménale puisqu'ils atteignent 100 décibels, soit le niveau sonore d'un marteau-piqueur ou d'une discothèque. Les baleines bleues émettent des vibrations à basse fréquence de 188 décibels : elles peuvent être entendues à 850 kilomètres de distance.

L'ornithorynque est-il le seul mammifère à pondre des œufs ?

Non, il partage cette particularité avec un autre mammifère australien, l'échidné. Ce gros hérisson de 6 kilos pond un œuf unique qu'il dépose dans sa poche abdominale. Après dix jours d'incubation externe, le fœtus brise sa coquille avec la dent située à l'extrémité de son museau. Au bout de six mois d'allaitement, il quitte la poche maternelle pour un terrier et un régime d'adulte à base de termites et de fourmis.

Le **temps** que le bébé passe dans le **ventre de sa mère** dépend-il de la **taille** de l'espèce ?

Cette période, appelée gestation, ne dépend pas toujours de la taille de l'espèce. La salamandre noire, qui vit dans les Alpes au-dessus de 1 400 mètres, détient un record avec 1 160 jours de gestation. Pourtant, elle n'est guère plus grosse qu'une souris dont la gestation dure 21 jours. En revanche, elle est beaucoup plus petite qu'une éléphante qui donne naissance après 730 jours de gestation.

Quelle est la différence entre une **grenouille** et un **crapaud** ?

Les crapauds ne possèdent jamais de dents, les grenouilles en ont souvent. La peau du crapaud est rugueuse, celle de la grenouille est lisse. Enfin, le crapaud possède, en arrière des yeux, deux fosses à venin.

Quelle **longueur de fil** peut contenir le corps d'une **araignée** ?

Les plus grosses araignées, capables de tisser des toiles de plusieurs mètres de diamètre, possèdent une « bobine » de fil de 2 kilomètres. Cette réserve est située dans leur abdomen et il leur suffit de se nourrir pour reconstituer du fil.

Comment font **les araignées** pour ne pas se prendre à leur **propre toile** ?

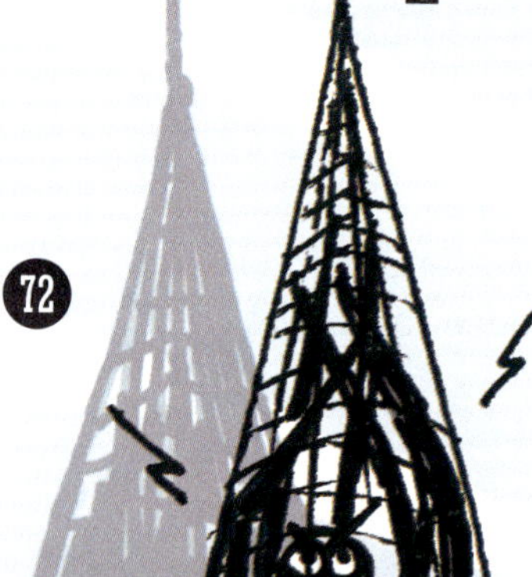

Pour se mouvoir à la surface de leurs pièges gluants, les araignées utilisent une toute petite partie de leur corps : seules trois petites griffes situées à l'extrémité de leurs pattes sont en contact avec la toile. Mais avant de commencer ces périlleux déplacements, elles enduisent leurs extrémités d'une salive huileuse antiadhésive. Enfin, il faut savoir que les fils d'une toile ne sont pas tous collants. Les rayons des toiles fabriquées par l'épeire des jardins ne sont pas enduits, par exemple. De plus, cet architecte émérite n'encolle son ouvrage qu'à la fin. Elle dépose alors une sécrétion, grâce à un organe spécifique appelé « glande ampoulée », en commençant par le fil extérieur de son ouvrage. Quand toute la spirale est encollée, l'épeire se place au centre, sur une zone non piégée, sa loge de soie.

Existe-t-il des animaux qui vivent **au fond des gouffres** ?

Ce sont des êtres étranges, translucides et aveugles, à cause de l'obscurité qui règne dans ce monde souterrain. La nourriture y est rare : quelques champignons, des débris végétaux charriés par les rivières souterraines, des pollens portés par les brises des profondeurs... Les troglobies, comme on appelle ces

habitants cavernicoles, vivent chichement et au ralenti. Le plus grand d'entre eux, le protée, peut mesurer jusqu'à 40 centimètres. Ce batracien de couleur laiteuse, dépourvu d'yeux et muni de branchies apparentes est le survivant d'une faune qui peuplait la terre il y a 65 millions d'années.

Y a-t-il sur terre beaucoup d'**espèces inconnues** ?

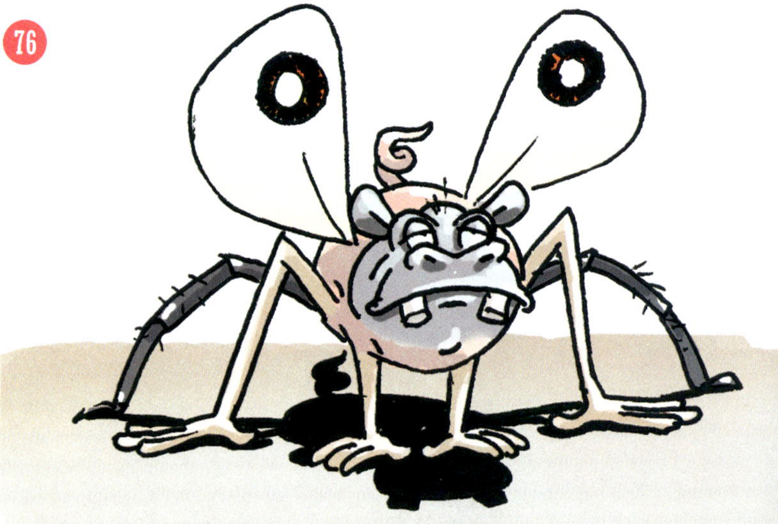

Sur les 10 à 100 millions d'espèces supposées vivre sur notre planète, les zoologues n'en connaissent qu'un million et demi ! Au cours des vingt dernières années, 100 000 nouvelles espèces d'invertébrés ont été décrites. Et même si les mammifères sont moins nombreux, on a quand même recensé 300 nouvelles espèces depuis vingt ans. C'est le naturaliste suédois Carl von Linné qui a entamé, il y a deux siècles, cet inventaire de la faune. Celui-ci se heurte aujourd'hui aux difficultés d'exploration des deux plus grands sanctuaires animaliers de la planète : les grands fonds marins et les forêts tropicales. Pourtant, il existe peut-être 10 millions d'espèces vivant en dessous de 2 000 mètres de profondeur. Quant au réservoir que représentent les jungles (soit 6 % des terres émergées), il abriterait 50 % des espèces terrestres. Sur un seul arbre de la forêt tropicale amazonienne, une équipe de scientifiques a découvert 60 nouvelles espèces de fourmis. Hallucinant !

Quel rapport entre **méduse** et **médusé** ?

Le nom et l'adjectif proviennent de Medousa, une des trois Gorgones de la mythologie grecque. Son regard changeait en pierre ceux qui osaient la fixer. Cette créature évoque les méduses les plus dangereuses pour l'homme qu'on appelle «caravelles portugaises». Leur contact peut provoquer des brûlures paralysantes, voire mortelles.

Quel est **le plus gros** poisson d'eau douce ?

Le silure ou poisson-chat. Il peut mesurer 5 mètres et peser 300 kilos. On en trouve un peu partout en France dans les rivières ou les étangs. Le plus gros spécimen pêché dans l'Hexagone a été capturé sur les rives du lac de Saint-Cassien, dans le Var. Il pesait 90 kilos, mesurait 2,30 mètres de long et avait un tour de taille d'un mètre.

Pourquoi appellent-on les mantes «**religieuses**» ?

À cause d'une attitude très expressive : quand cet insecte guette sa proie, il joint ses pattes de devant et les relève de telle façon qu'il donne l'impression de prier. La mante n'est pas une sainte pour autant ! Elle doit sa réputation au fait qu'elle dévore son mâle juste après l'accouplement.

Combien d'**individus** les plus grands **nids d'insectes** comptent-ils ?

82

Les sociétés les plus nombreuses et les plus complexes sont celles des termites. Les macrotermes bellicosus d'Afrique occidentale construisent des nids entièrement climatisés qui peuvent contenir 5 millions d'individus. Un couple royal peut y vivre pendant quinze ans.

Pourquoi certaines **morsures** de **fourmis** font-elles si mal ?

Les fourmis sont dotées de mandibules très puissantes et leur morsure est douloureuse. De plus, certaines espèces font tomber dans la blessure de l'acide formique se trouvant dans leur abdomen, ce qui provoque une brûlure vive.

Quel est le **cerveau** le plus gourmand en **oxygène** ?

Jusque-là, on pensait que l'homme était sans rival, puisque son cerveau consomme 20 % de l'oxygène absorbé. Une découverte récente vient d'attribuer un taux record de 60 % à un poisson africain, le «nez d'éléphant». Pour le biologiste suédois à l'origine de ces recherches, cette suractivité du cerveau s'explique par la faculté du «nez d'éléphant» à générer un champ électrique pour détecter les obstacles.

Comment **la carapace des tortues** s'est elle formée ?

C'est leur ancêtre, un lézard ayant vécu il y a 260 millions d'années, qui semble à l'origine de cette évolution, en soudant ses omoplates à sa cage thoracique. Une dizaine de millions d'années plus tard, des nodules osseux seraient apparus le long de la colonne vertébrale. En se développant, ces excroissances auraient finalement recouvert la totalité du dos, formant, il y a 230 millions d'années, les carapaces des premières tortues.

À quoi servent les animaux **charognards** ?

Les charognards sont les éboueurs de la nature. Sans eux, les espaces sauvages de la planète seraient couverts de cadavres et une odeur pestilentielle y règnerait. En effet, les prédateurs ne consomment qu'un tiers de la viande de leurs proies. Dans une grande réserve africaine comme le parc du Serengeti en Tanzanie, les cadavres d'animaux morts représentent, chaque année, 40 000 tonnes.

Sait-on ce que **voient** les **insectes** ?

La vue demeure le sens le plus méconnu des insectes. On sait que certains, comme les coléoptères, ne voient ni le bleu ni le rouge. Qu'une abeille distingue un mouvement à plusieurs mètres. On pense que les yeux à facettes des mouches ou des libellules forment une image composée de milliers d'images, un peu comme un kaléidoscope. Mais on ne sait pas ce que voit l'insecte car on ignore comment son cerveau interprète le signal reçu.

La **bête** du **Gévaudan** a-t-elle **existé** ?

Affirmatif. En juin 1763, une grande terreur s'empare des villages autour de Langogne, dans le massif du Gévaudan, et s'étendra bientôt aux régions voisines du Rouergue et de l'Auvergne. Elle ne prendra fin que deux ans plus tard, en juillet 1765. Une créature, un monstre, loup-garou ou sorcier, décime les troupeaux et s'attaque aux bergers. Certains rescapés la décrivent comme un ours à tête

de chien, d'autres évoquent une queue de serpent ou une gueule de dragon. L'évêque de Mende organise des prières publiques. Le roi Louis XV, lui-même, s'en émeut et dépêche ses meilleurs lieutenants de louveterie. Une battue est organisée au cours de l'été 1765. Finalement, la bête du Gévaudan sera tuée par un porte-arquebuse royal. C'était un loup âgé d'environ 8 ans. Il mesurait 1,86 mètre du museau au bout de la queue, 90 centimètres de hauteur et pesait 65 kilos.

Pourquoi les **papillons de nuit** tournent-ils inlassablement autour des **reverbères** ?

On pense que les insectes nocturnes se dirigent, de nuit, en gardant constant l'angle que fait la lumière de la lune avec leurs yeux. Ils procèdent de la même façon avec la lumière artificielle. Voilà pourquoi, arrivés à proximité d'une lampe, ils se mettent à tourner autour.

Quelles sont les **températures** corporelles extrêmes auxquelles peuvent **survivre** les animaux ?

Pendant son hibernation, la salamandre de Sibérie voit la température de son corps descendre à -35 °C. C'est la plus basse jamais enregistrée. Quant aux maximales, elles sont dictées par l'environnement : des vers géants peuvent vivre dans des sources chaudes à +120 °C.

92

Pourquoi la plupart des **nids** d'oiseaux sont-ils **ronds** ?

Une fois l'emplacement choisi, l'oiseau apporte les matériaux et les dispose au fur et à mesure. Pour former son nid, il se place au centre, tourne sur lui-même en repoussant avec sa poitrine les objets qui le gênent. C'est ce mouvement circulaire qui donne au nid sa forme caractéristique.

Est-il vrai que les **aliments** pour **chiens** sont **testés** par des **humains** ?

C'est vrai. Mais uniquement pour les critères visuels et olfactifs. Certains aliments, dont l'odeur est jugée trop forte, ne sont pas commercialisés. En matière de goût, le palais humain n'est heureusement pas mis à contribution. Chez le plus grand fabricant français d'aliments pour chiens, quatre-vingts toutous testent les nouvelles recettes. Ces fins gourmets travaillent une semaine sur deux et seulement le matin. On leur propose deux gamelles et ils font leur choix en quelques secondes grâce à leur truffe. Leurs crottes sont systématiquement analysées pour vérifier la digestibilité des aliments.

Les **poissons** sont-ils **menacés** de **disparition** ?

Certaines espèces risquent effectivement de disparaître à cause de la pêche industrielle. L'Europe veut imposer des quotas pour celles qui sont le plus en danger, comme la sole ou le cabillaud. En 1950, on pêchait 19 millions de tonnes de poissons de par le monde, en 2000, on était passé à 100 millions de tonnes. D'après la Food and Agriculture Organization (FAO), les dix-sept principales zones de pêche sont en voie d'épuisement et les espèces ne s'y renouvellent plus.

Quelle est la race de **chien** la plus **rare** ?

Les sociétés canines considèrent qu'il s'agit du chien chinois à crête dont on connaît assez mal les origines. Cette race serait vieille de 14 000 ans et proviendrait, comme son nom ne l'indique pas, de Turquie ou d'Éthiopie. Hormis une touffe de poils sur la tête, aux pattes et sur la queue, ce chien miniature est tout nu et, du coup, plus fragile que les autres. La star de la race des chiens chinois à crête s'appelle Fa Ya Chan-Na, a 7 ans, pèse 2,5 kilos et mesure 28 centimètres au garrot. Né en France, il a gagné les plus prestigieux concours de beauté et vaut plus de 8 000 euros.

Pourquoi les **chiens enterrent**-ils leurs **os** ?

Pour les mêmes raisons qui te poussent à conserver tes aliments dans un réfrigérateur : au frais et hors de portée des mouches et des souris. Mais ce comportement ancestral n'est plus très en cours chez nos Rantanplan modernes. Il ne se donne plus la peine de cacher sa pitance ou de faire des réserves depuis que leur fidèle compagnon, toi, lui apporte quotidiennement sa pâtée.

Les **tigres blancs** sont-ils **rares** ?

Non, le tigre est l'espèce qui compte le plus grand nombre d'albinos. À l'instar de Samson, un tigre âgé de 20 ans et vedette du Marine World Africa USA, à San Francisco, quelque 200 tigres albinos arpentent aujourd'hui la planète. Mais derrière leurs splendides yeux bleus se cache un mystère que les scientifiques ne s'expliquent pas : pourquoi ces phénomènes génétiques apparaissent de plus en plus sur les cinq continents.

En cas de **cataclysme** planétaire, quelle serait l'**espèce** la plus **résistante** ?

Dans cinq milliards d'années, date supposée de la disparition de la Terre, la plupart des scientifiques estiment que les derniers survivants seront les microbes. Pourquoi ? Parce qu'ils sont les seuls aujourd'hui capables de se reproduire en se divisant en deux, de vivre sans oxygène et de supporter une température de 110 °C.

Quel est l'**animal** le plus **dangereux** pour l'**homme** ?

Selon l'Organisation mondiale pour la santé, les moustiques porteurs de la malaria causeraient entre 1,5 et 3 millions de décès par an. En ce qui concerne les vertébrés, le plus dangereux est le crocodile marin, un monstre d'environ 8 mètres. Cette espèce répandue en Asie du Sud-Est tuerait 2 000 personnes par an, peut-être plus, dans la mesure où tous les cas ne sont pas recensés. Le 19 février 1945, des soldats japonais furent piégés par une offensive américaine sur une île de la côte birmane. Entre 800 et 1 000 hommes passèrent la nuit dans des marais infestés de crocodiles. La plupart furent dévorés vivants. Au matin, vingt hommes seulement étaient encore en vie.

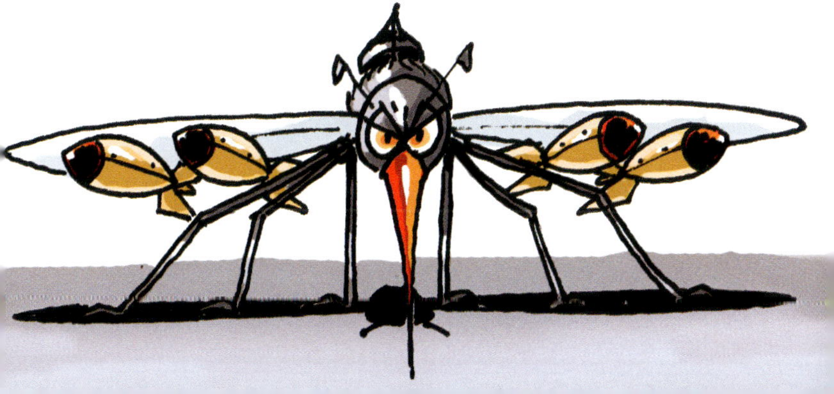

Existe-t-il beaucoup d'animaux **albinos** ?

Le plus célèbre est un pensionnaire du zoo de Barcelone, un gorille tout blanc dénommé « Flocon de neige ». Débarqué de Guinée équatoriale à l'âge de 4 ans, il a fait la « une » des plus grands magazines du monde, *Life* et *National Geographic* compris. À 34 ans, Flocon de neige, qui mesurait 1,63 mètre et pesait 186 kilos, avait déjà eu 21 enfants, dont 6 seulement ont survécu. Trois femelles ont partagé sa vie. Mais aucun de ses descendants

n'est un gorille blanc. On a également découvert un hérisson albinos en 1994, aux Pays-Bas, et le zoo de San Diego héberge un koala albinos répondant au nom de Goolara. Mais sa santé est précaire, il souffre fréquemment d'infections et ne doit sa survie qu'aux soins constants des vétérinaires qui veillent sur lui. En règle générale, les albinos ne peuvent vivre très longtemps à l'état sauvage. Le seul cas connu est celui d'une girafe du parc du Tarangire en Tanzanie. Mais *twiga mweupe*, la « girafe blanche » en swahili, est plus farouche que ses congénères et ses apparitions se font rares.

Qui était le petit **cheval** blanc de **Napoléon** ?

Bien qu'il ait toujours eu à sa disposition 130 chevaux, Napoléon a toujours préféré un petit pur-sang arabe de couleur blanche. Baptisé Marengo le 14 juin 1800, en mémoire de la victoire sur les Autrichiens, il avait été importé d'Égypte en 1799, à l'âge de 6 ans, après la bataille d'Aboukir. Ne dépassant pas 1,45 mètre au garrot, aussi vaillant que le «petit caporal» Marengo participa à de nombreuses batailles et fut huit fois blessé au champ d'honneur. Il porta l'empereur au cours de ses plus hauts faits de guerre : Austerlitz, Iéna, Wagram et Waterloo où il fut fait prisonnier. Marengo connut, comme son maître, l'exil et mourut en Angleterre à l'âge de 38 ans, sans goûter à la gloire et aux honneurs militaires réservés à son rival Copenhague, le pur-sang alezan du duc de Wellington

Comment font les **moules** pour rester **collées** aux **rochers** ?

Elles sécrètent un faisceau de filaments soyeux et collants, le byssus. Cette colle naturelle qui est produite en permanence, possède la propriété d'adhérer à n'importe quel support.

Le **paresseux** est-il vraiment **lent** ?

C'est en tout cas le mammifère le plus lent. Quand il descend des arbres dans lesquels il vit, il se déplace en rampant sur le sol. On a calculé qu'il parcourait 120 mètres en une heure, soit 2 mètres par minute. Mais dans les arbres, il est capable de foncer à 4,50 mètres par minute ! Mais le paresseux est une véritable fusée, comparé aux escargots de nos jardins. À fond de train, ceux-ci ne dépassent pas 30 centimètres par minute.

Est-il vrai que certains **insectes**, les éphémères, ne vivent que **24 heures** ?

Même moins. Les adultes ailés ont en réalité une longévité de moins d'une heure. Mais ils passent, auparavant, deux à trois années au fond d'un cours d'eau à l'état de larves.

Comment se **déroule** une **course** de **lévriers** ?

Avant la course, les chiens sont longuement massés par leur maître. L'effort fourni pendant la compétition sollicite chaque muscle, chaque ligament. Pas question d'être froid. Après un tour de présentation au public, les chiens sont enfermés dans des boxes individuels placés sur la ligne de départ.

Un leurre, un lapin en peluche monté sur un rail fixe, file en suivant l'anneau intérieur de la piste. Dès qu'il passe devant les box, les portes s'ouvrent et les chiens jaillissent à la vitesse de 17 mètres par seconde. Ils courent sur des distances variant de 280 à 680 mètres. Les plus rapides réalisent des moyennes de 60 km/h, en effectuant des bonds qui dépassent 4 mètres d'amplitude. Redoutables, les lévriers sont interdits de chasse depuis 1844, notamment en France. Trop rapides, leur proie n'a aucune chance de s'en tirer. Sauf le lapin artificiel des courses !

Quel est le **chien** 108 le plus **rapide** ?

Le greyhound. Ce lévrier est encore plus performant que ses petits camarades whippets, sloughis, salukhis et autres levrettes d'Italie… Il atteint une vitesse de 65 km/h. Vu de l'extérieur, son corps fuselé lui offre un aérodynamisme incomparable. Son importante masse musculaire (57 % contre 40 % pour les autres races) comporte près de 100 % de fibres à contraction rapide, les fibres des sprinters. De surcroît, sa région fémorale, responsable de la propulsion, est particulièrement développée. Son rythme cardiaque atteint 300 pulsations par minute, contre 180

pour un homme entraîné, son volume cardiaque, c'est-à-dire la puissance de son « moteur », atteint l'indice 12, contre 8,6 chez le cheval de course et 4 chez l'homme. Doté d'un volume respiratoire exceptionnel, le lévrier possède un galop spécifique à deux temps de suspension. Ses membres postérieurs passent de part et d'autre des antérieurs pour aller chercher le sol nettement en avant de l'axe du corps. De cette façon, la puissance de l'arrière-train peut être employée à fond. Enfin, sa longue queue lui sert de balancier dans les virages.

Quels sont les **poissons** d'eau douce les plus **sensibles** à la **pollution** ?

La truite est sûrement l'un des premiers animaux à avoir acquis ses galons de « bio-indicateur ». En effet, elle a été placée, dès 1874, dans le réservoir d'eau de Montsouris à Paris pour surveiller en permanence la qualité des 125 000 m^3 d'eau pure qui alimentaient les particuliers de la Rive gauche. Aujourd'hui, elle poursuit sa tâche grâce au « truitosem », un appareil sophistiqué qui enregistre les mouvements du poisson. Placées dans un aquarium où passe en continu de l'eau brute, les quinze truitelles frétillent dès que l'eau est polluée ou trop chlorée. Ces mouvements sont alors immédiatement transformés en un signal sonore audible qui déclenche aussitôt une alarme. Les techniciens interviennent alors pour analyser l'eau.

Pourquoi les **chevaux dormiront**-ils **debout** ?

On pense que cette faculté est un héritage légué au cheval, mais aussi à l'âne et aux autres équidés, par leurs lointains ancêtres préhistoriques. À l'époque où rôdaient les tigres à dents de sabre, dormir debout était un avantage décisif pour prendre la fuite et éviter de finir dans la gueule des prédateurs. Cette position si particulière (une des deux pattes arrière est comme suspendue en l'air) est rendue possible par l'existence d'un tendon spécial en forme de boucle. Pour se reposer, le cheval tend ses muscles et accroche ce tendon à l'extrémité inférieure de son fémur.

Combien de **mots** peuvent **apprendre** les **perroquets** ?

Le perroquet gris d'Afrique est un maître en la matière. Prudle, une femelle, a gagné pendant douze ans d'affilée, entre 1965 et 1976, le prix du meilleur perroquet parleur au National Cage and Aviary Bird Show de Londres. Elle avait appris 800 mots. Mais ce prix récompense un certain talent oratoire et un don pour la conversation plutôt que l'étendue du vocabulaire. Certains mainates et perroquets connaissent plus de 1000 mots. Une perruche nommée Puck en possédait même, au 31 janvier 1993, 1 728 !

Combien y a-t-il de **chiens** dans le **monde** ?

Il y en a 400 milllions. Ce sont les Américains qui en possèdent le plus : 52 millions. En France, on en dénombre 10,6 millions contre 8,3 millions de chats.

114

Quelle **décharge** peuvent **émettre** les **poissons électriques** ?

L'anguille électrique, qui vit dans les cours d'eau du Brésil et de Colombie, peut émettre une décharge de 650 volts. De quoi assommer un homme ! Mais elle ne s'en sert que pour immobiliser ses proies.

Qu'est-ce qu'un **tigron** ?

C'est le petit d'un tigre et d'une lionne. Il faut savoir que cet accouplement contre nature est impossible sans l'intervention de l'homme car ces deux espèces ne cohabitent pas. De plus, les tigrons, stériles, ne peuvent avoir de descendance. Le zoo de Calcutta, en Inde, possède un tigron adulte mâle baptisé Cubanacan. Il mesure 3,50 mètres de long et 1,32 mètre au garrot. Son poids est estimé à plus de 360 kilos.

Combien de pattes a le mille-pattes ?

Sept cent cinquante-deux ! C'est du moins celles qu'on dénombre chez un mille-pattes californien appartenant au groupe des diplopodes. Ceux-ci se déplacent en groupant leurs pattes par paquets de 10 à 20 paires, ce qui donne l'illusion d'une vague ondulant d'avant en arrière. Aucune des mille espèces connues n'en possède autant. L'autre groupe de mille-pattes, les chilopodes, avance en levant les pattes par paires. Mais ils ne sont pourvus que de 15 à 100 paires de pattes… Des parents pauvres.

Est-ce que **Moby Dick** a existé ?

Oui, mais ce n'était pas la baleine décrite par l'écrivain Herman Melville. Le romancier s'est inspiré de Mocha Dick, un immense cachalot mâle de 22 mètres de long, à la peau grise et portant une énorme balafre blanche sur la tête. Ce monstre des mers devait son nom à un premier combat homérique qu'il a mené, en 1810, près de l'île de Mocha, au large du Chili. Les marins le craignaient comme le diable. Mocha Dick sera tué en 1859. Son corps, recouvert de cicatrices, était transpercé par dix-neuf harpons. En 1956, Moby Dick a été le héros d'un film de John Huston, avec Gregory Peck dans le rôle du capitaine Achab, l'ennemi juré de l'animal.

Dans quels **métiers** utilise-t-on les **chiens** comme **auxiliaires** ?

La surveillance des parcs, la chasse aux pyromanes ou la détection des produits pouvant provoquer des incendies de forêt sont confiés aux bergers allemands, aux bergers belges ou aux beaucerons, très doués et dont l'agilité fait merveille. Les terre-neuve restent les meilleurs nageurs et n'ont pas leur égal pour le sauvetage en mer. Ils sont si forts qu'ils peuvent remorquer des canots pneumatiques, après un naufrage par exemple. En ce qui concerne la recherche d'explosifs, de drogue ou de denrées interdites, les douaniers préfèrent aujourd'hui les caniches ou les beagles. Ces deux races font preuve d'un sens de l'enquête et d'un flair remarquables. Pour la fouille des bagages, ils sont capables de vérifier 400 colis en 30 minutes, avec une fiabilité proche de 100 %. Enfin, pour l'aide aux handicapés, les champions sont les labradors et les golden retrievers.

Pourquoi le **lama crache**-t-il ?

L'explication fournie au capitaine Haddock est la bonne : « Quand lama fâché, lui toujours cracher. » Cet animal apparenté au chameau possède, comme son cousin à bosses, un caractère de « chameau » : irascible et têtu, il peut subitement cracher sur quelqu'un dont la tête ne lui revient pas.

Qu'y a-t-il dans la **bosse** du **dromadaire** ?

La bosse du dromadaire et celles du chameau, au nombre de deux comme tout le monde le sait, ne contiennent pas précisément de «l'eau». Pour autant, cette protubérance permet au «vaisseau du désert», comme on le surnomme, de survivre sans boire ni manger pendant une semaine. Et c'est bien grâce à elle que le dromadaire peut supporter des conditions climatiques extrêmes : il y puise des réserves d'énergie et d'eau qui lui sont nécessaires. Il faut également préciser que le dromadaire peut, à volonté, élever ou abaisser sa température pour mieux résister à la chaleur du désert.

Quel est l'**animal** le plus **fort** proportionnellement à sa **taille** ?

Il s'agit, quel paradoxe, de l'une des créatures les plus molles du règne animal : l'escargot. Mou mais super-musclé, ce gastéropode qui ne dépasse pas 10 grammes est capable de tirer une charge d'un kilo, soit 100 fois son propre poids. Si tu veux éprouver les mêmes sensations, essaye donc de tirer un autobus.

Quelle **charge** peut **porter** un **éléphant** ?

En Inde, les cornacs utilisent les éléphants pour le transport de bois. Ils leur font porter des charges équivalentes à 25 % de leur propre poids. Soit environ une tonne pour un adulte moyen. Pour sa part, le scarabée-rhinocéros est encore plus résistant puisqu'il supporte 850 fois son poids. Mais les cornacs ne les ont pas encore substitués à leurs éléphants : tout rhinocéros qu'il soit, ce scarabée ne pèse que 0,25 gramme !

Les **calmars géants** existent-ils ?

Cet animal fabuleux a nourri l'imagination des romanciers (à commencer par Jules Verne dans *Vingt Mille Lieues sous les mers*) et inspiré des légendes fantastiques. Les récits de marins attaqués par de tels monstres ne se comptent plus. Dernier en date, celui du navigateur Olivier de Kersauzon dont le trimaran qui faisait, début 2003, le tour du monde, a été ralenti dans sa course par l'étreinte d'un céphalopode estimé à 8 ou 9 mètres de long. Le plus grand spécimen connu est un *architeuthis kizkii* pêché au large de la Nouvelle-Zélande en 1997. Son corps, qui mesurait 7,60 mètres et pesait 112 kilos, a été congelé. Les plus grands calmars, baptisés *architeuthis dux,* pourraient atteindre une taille de 20 mètres, tentacules comprises. Mais aucun de ces monstres n'a jamais été capturé : on a seulement retrouvé des morceaux de ces animaux dans l'estomac de prédateurs, ainsi que des cicatrices laissées par leurs ventouses sur la peau de cachalots, l'un de leurs principaux ennemis.

Existe-t-il en **France** des **serpents** dont la **morsure** peut-être **mortelle** ?

Hélas oui ! Deux espèces de vipères : la péliade et l'aspic. La première, qui vit dans le nord de la France, aime les zones humides. La seconde préfère les climats secs et chauds. On la trouve dans le sud de la France, à l'exception de la Corse. Mais le plus dangereux de ces reptiles est une sous-espèce de l'aspic, l'aspis zinnikeri. Son venin est deux à quatre fois plus toxique que l'aspic. On la trouve dans le Gers et les Pyrénées.

Pourquoi les **chouettes** et les **hiboux** ont-ils des **masques** autour des yeux ?

Tous les rapaces nocturnes ont, en effet, un masque autour des yeux, appelé «masque facial». À l'instar des paraboles de télévision, ces deux grandes soucoupes fonctionnent comme des amplificateurs sonores. Ils captent, puis transmettent à leurs oreilles le bruit le plus infime. Gare à la musaraigne qui froisse une feuille d'arbre! Un biologiste américain a, du reste, démontré que la «chouette effraie», une espèce blanche mouchetée d'argent, entendait le frottement d'un stylo sur une feuille de papier à une distance de 25 mètres.

Dans **quel pays** trouve-t-on les **serpents** les plus **dangereux** pour l'**homme** ?

Le serpent le plus venimeux vit aux abords du fleuve Diamantina, en Australie. C'est un reptile à écailles lisses qui se nomme l'*oxyuranus microlepidotus.* Un dixième de gramme de son venin suffirait à foudroyer 250 000 souris ! Pourtant, il n'a jamais mordu un homme. En fait, c'est sur l'île de Sri Lanka, non loin de l'Inde, que le taux de mortalité dû à des piqûres de serpents est le plus élevé. Chaque année, 800 personnes succombent aux morsures du cobra du Sri Lanka ou de la vipère de Russell, les deux espèces locales les plus dangereuses.

Quelle est l'**espèce** animale la plus **nombreuse** sur **Terre** ?

Si l'on excepte les insectes, dont les espèces les plus communes, telles la fourmi ou la mouche, sont innombrables, le mammifère le plus répandu est le rat noir ou *rattus rattus.* Ils seraient 5,5 milliards d'individus soit environ un rongeur par être humain. Au Moyen Âge, le rat noir a été responsable de plus de morts que toutes les guerres réunies : la peste qu'il a introduite en Europe a tué 25 millions d'hommes, le quart de la population de l'époque.

Est-ce que les **poissons communiquent** ?

Bien sûr. Les poissons possèdent un mode de communication très sophistiqué : ils émettent des substances odorantes stockées sous les écailles, les phéromones. Selon leur nature, ces phéronomes influent sur le comportement de leurs congénères. Le registre des sensations provoquées est varié : notion de danger, attirance sexuelle…

Est-ce que les **thons nagent** beaucoup ?

Une des espèces les plus répandues, le thon albacore, peut parcourir 8000 kilomètres en moins d'une année. Il atteint, sur une courte distance, la vitesse de 70 km/h.

Pourquoi les **mammifères** n'ont-ils pas le même **nombre** de **mamelles** ?

Parce que le nombre de mamelles dépend principalement de l'importance des portées. La femme, par exemple, a deux seins parce qu'elle allaite généralement un seul bébé à la fois. Le record est détenu par un petit insectivore vivant à Madagascar, le tenrec. Sa femelle possède douze paires de mamelles. À l'opposé, l'ornithorynque, ce curieux mammifère à bec de canard, ne dispose d'aucun mamelon. Pour boire le lait maternel, les bébés lèchent les poils le long desquels s'écoule le lait qui sort directement par les pores de la peau de leur mère.

Quel est l'**animal** le plus **glouton** ?

Si la voracité est le rapport entre la quantité de nourriture ingurgitée et le poids d'un animal, la médaille d'or revient sans nul doute au papillon du chêne, appelé aussi *antheraea*. En deux mois, il dévore 86 000 fois son poids de naissance en feuilles. Ce qui équivaudrait pour un bébé du même âge à la modeste quantité de 260 tonnes de lait !

L'autruche est-elle vraiment peureuse ?

On peut même dire que ce gracieux volatile a la trouille chevillée au corps. Passons sur sa légendaire propension à enfouir sa tête dans le sol au moindre danger, alors qu'il est capable de courir à 72 km/h. Bien qu'il ne côtoie aucun prédateur, cet oiseau est tellement angoissé qu'il ne dort jamais plus de 15 minutes consécutives.

À quelle **profondeur** plongent les **baleines** ?

L'hyperodon, une espèce de cachalot entre le dauphin et la baleine, semble le plus audacieux avec des plongées à plus de 2 000 mètres. Pour atteindre de telles profondeurs, il est capable de rester deux heures en apnée.

Quelles sont les **différences** entre **crocodiles**, **caïmans** et **alligators** ?

Quand ils ferment leur gueule, les crocodiles et les caïmans (une variété de crocodiles) ont les dents qui dépassent. Les alligators jamais. Attention à ne pas confondre certaines personnes dont les dents dépassent avec des crocodiles, elles pourraient se vexer !

Quel **oiseau** a le battement d'**ailes** le plus **rapide** ?

C'est le colibri, surnommé oiseau-mouche en raison de ses mensurations plus que modestes et du bourdonnement de ses ailes. Le plus petit oiseau du monde, un colibri baptisé calypte d'Hélène, mesure 6 centimètres et pèse 1,5 gramme. Son rythme de battements varie entre 30 et 200 coups par seconde. À de telles vitesses, notre œil est incapable de distinguer les mouvements. Cette faculté extraordinaire confère au colibri une mobilité et une adresse sans pareilles : c'est le seul oiseau capable de voler à reculons et sur place. Loin d'y laisser des forces, il en use et en abuse : il ne marche jamais, ne se pose pratiquement jamais sur une branche. Mieux, le colibri mange en volant et courtise même ainsi sa femelle ! Il n'interrompt ce mouvement perpétuel que pour dormir.

Les **piranhas** sont-ils vraiment **dangereux** ?

Ces poissons d'eau douce sont les plus voraces que l'on connaisse. En Amazonie où ils prospèrent, ils ont la réputation de pouvoir engloutir un gros animal, et a fortiori un homme, en quelques minutes. Ces tueurs possèdent des mâchoires très puissantes, armées de dents acérées comme des lames de rasoir. Ils attaquent de façon brutale en se jetant sur leur proie par milliers. L'espèce la plus dangereuse est le piranha rouge : 60 centimètres de long tout de même. Le 19 septembre 1981, 300 personnes ont été dévorées par des piranhas dans le port d'Obidos, au Brésil. Le bateau qui les transportait avait coulé en accostant.

Quelle est la **taille** du **kangourou** quand il **rejoint** la **poche** de sa **mère** ?

Il est gros comme un haricot sec et ne pèse que 0,75 gramme. Il est nu et aveugle. Au bout de 30 à 40 jours de gestation, l'embryon quitte le cloaque maternel puis escalade son ventre jusqu'à la poche marsupiale, en suivant un filet de salive préparé par sa mère. À 5 mois, il sort la tête, mais il attendra un an avant de fouler le sol.

Pourquoi deux **fourmis** qui se croisent se **touchent**-elles les **antennes** ?

En palpant ainsi leurs antennes, les fourmis échangent des phéromones. Ce sont des odeurs propres à chaque colonie de fourmis. Véritables cartes d'identité olfactives, les phéromones permettent de repérer les étrangères et de les chasser.

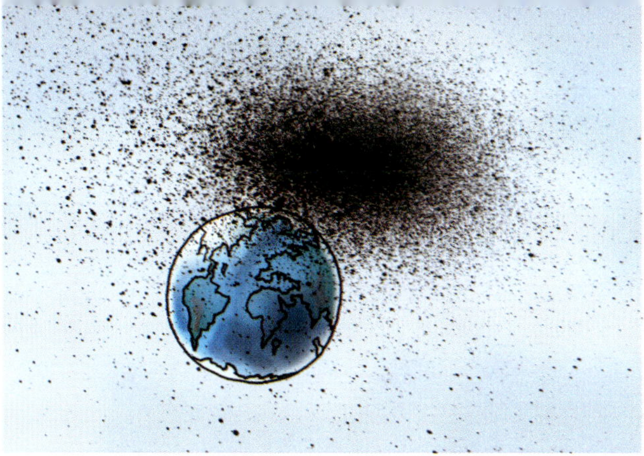

Quelles **dimensions** peuvent atteindre les **nuages** de **sauterelles** ?

Grâce aux techniques de prévention modernes, on arrive heureusement à limiter les concentrations de ces insectes dévastateurs dont les essaims peuvent représenter des nuages longs de plusieurs dizaines de kilomètres. La plus grande concentration animale fut observée entre le 20 et le 30 juillet 1874. Un essaim de sauterelles des Rocheuses traversa l'État américain du Nebraska. Il couvrait 257 000 km², soit la moitié de la France, et contenait sans doute 12 500 milliards de sauterelles.

Pourquoi les **taureaux** **chargent**-ils le «**rouge**» ?

Erreur, les taureaux ne chargent pas plus le rouge qu'une autre couleur. Comme la plupart des mammifères, ils ne distinguent pas les couleurs. Ils voient le monde, qui est totalement flou pour eux, en noir et blanc. En fait, la cape du torero pourrait être verte ou à motifs, cela ne changerait rien. Le taureau perçoit uniquement les mouvements de l'objet placé dans son champ de vision : c'est ce qui déclenche sa charge. Voilà pourquoi les matadors peuvent rester plantés immobiles à 20 centimètres des cornes d'un taureau de combat sans aucun risque : l'animal ne les voit pas.

Quelle est la **différence** entre le **trot** et le **galop** ?

Ce sont deux allures différentes propres aux chevaux et à quelques quadrupèdes. Le trot consiste à avancer les membres par paires croisées : l'antérieur gauche accompagne le postérieur droit puis l'antérieur droit le postérieur gauche. Le galop est une suite de bonds accomplis en trois temps, appelés battues. Le galop est l'allure la plus rapide, 60 km/h pour un cheval de course. Au trot, les champions des champs de course atteignent tout de même 57 km/h.

À quoi **servent** les grandes **oreilles** de **l'éléphant** ?

La fonction primordiale de ces pavillons éléphantesques est de lutter contre la chaleur. En battant ces éventails géants de 1,60 mètre de long sur 1,80 mètre de large, l'éléphant de la savane africaine arrive à refroidir les innombrables vaisseaux sanguins qui les irriguent. Ce système est très efficace, puisque la température corporelle peut chuter de 5 °C. Les oreilles des pachydermes sont également des capteurs sonores hors pair : elles sont capables de percevoir des sons émis à des dizaines de kilomètres. Enfin, l'éléphant les utilise pour impressionner ses adversaires. Quand un mâle charge, il s'arrête brutalement à quelques mètres de l'ennemi, puis agite ses immenses oreilles. Il apparaît alors beaucoup plus volumineux. C'est à ce moment que l'éléphant est véritablement dangereux : si l'adversaire n'est pas intimidé, l'éléphant passe à l'attaque. Aïe...

Est-il **possible** de faire **empailler** son **chien** ?

Tout à fait. De plus en plus de maîtres désirent faire naturaliser leur compagnon disparu. Pour un chien de taille moyenne, les taxidermistes, dont c'est le métier, demandent 900 euros et environ 700 pour un chat. Il faut savoir que les tarifs sont proportionnels à la taille de l'animal et que même les poissons et les canaris peuvent être immortalisés.

Qui a **inventé** la **pâtée** pour **chien** ?

L'Américain James Pratt, en 1856. Il s'est directement inspiré d'une recette indienne à base de viande de bison, le pemmican. Un toutou français en consomme, en moyenne, 18 kilos par an.

Quels sont les plus **gros animaux** ?

Le plus gros animal ayant jamais vécu sur notre planète est la baleine bleue. Le plus grand spécimen connu s'est échoué en 1909 sur l'île Grytviken, en Géorgie du Sud. Il mesurait 33,58 mètres de long et pesait 120 tonnes environ. Sur terre ferme, le plus grand éléphant connu était un mâle, abattu en Namibie en 1978, après avoir tué onze personnes et ravagé des cultures. Pour ce qui est de la hauteur, le record revient à George, une girafe mâle du zoo de Chester, en Grande-Bretagne : 5,88 mètres, cornes comprises.

Pourquoi les **zèbres** ont-ils des **rayures** ?

Dans la savane où ils paissent, ces rayures se confondent facilement avec les ombres des hautes herbes et des arbres. Ce camouflage leur permet d'échapper au regard du lion, leur principal prédateur. Enfin, pas toujours...

Quel est le plus **terrible prédateur** de tous les **temps** ?

L'engin de destruction le plus terrifiant qui ait jamais arpenté la surface de la terre est le tyrannosaurus rex, le «roi des lézards tyrans». Il mesurait 15 mètres de long, pesait 7 tonnes (plus qu'un éléphant d'Afrique). Sa tête qui culminait à plus de 6 mètres était armée de crocs immenses de plus de 15 centimètres de long. Il n'a semé la terreur que pendant les 15 derniers millions d'années du règne des dinosaures et s'est éteint brutalement comme les autres, il y a 65 millions d'années. Pourtant, certains paléontologues le décrivent très lent, marchant pas à pas et devant se contenter des restes des autres prédateurs.

D'autres spécialistes soutiennent la version popularisée par Steven Spielberg dans *Jurassic Park*. Un T-rex rôdant entre les arbres, guettant le moment propice pour attaquer une horde d'hadrosaures, des dinosaures broutards. L'attaque était fulgurante, il se précipitait gueule ouverte sur sa proie, les cinquante dents en lames de rasoir entraînant sa victime dans la mort.

Quel est le secret de l'**agilité** du **chamois** ?

Capable d'effectuer des bonds de 6 mètres de longueur et de 4 mètres de hauteur, ayant un sens de l'équilibre sans pareil, le chamois des Alpes possède effectivement un « truc ». Sous ses sabots se trouvent des coussinets adhésifs qui lui permettent de rester « collé » aux parois les plus verticales ou les plus glissantes.

Quelle est la part de **l'hérédité** dans les performances des **chevaux** de course ?

Le laboratoire de génétique quantitative et appliquée de l'Inra, en France, a prouvé que les performances étaient transmises génétiquement à 30 %. Le petit-fils d'un champion n'hérite donc que de 9 % des qualités de son grand-père et seulement 2,7 % de celles de son arrière-grand-père. Pourtant, tous les cracks des champs de course descendent de trois pur-sang du XVIIe siècle. En fait, les premiers défenseurs du facteur héréditaire sont les propriétaires des grands champions : une saillie de l'étalon Northen Dancer était facturée un million de dollars, pendant les années 1980.

Qui était vraiment **Rintintin** ?

Son histoire commence pendant la Première Guerre mondiale, le 15 septembre 1915. Lee Duncan, pilote américain, recueille dans un hangar abandonné par les Allemands une femelle berger allemand (chien de combat comme dix mille autres de ses compagnons) et ses cinq chiots mal en point. La chienne devient la mascotte du régiment et Duncan garde deux chiots qu'il baptise Nanette et Rintintin. La guerre terminée, Duncan dresse Rintintin à des centaines de tours. Il débute comme figurant en 1922. Il devient très vite une vedette au point de sauver de la banqueroute la Warner qui trouve en ce chien la première star qui lui rapporte enfin de l'argent. Le Tout-Hollywood tente de s'arracher ses chiots. Greta Garbo et Jean Harlow feront partie des heureux élus. Rintintin est assuré pour 250 000 dollars et possède cinq chiens gardes du corps ! Rinty, comme on le surnomme, vit entouré d'un chef cuisinier, possède sa limousine et son chauffeur. Le 10 août 1932, Rintintin, âgé de 14 ans, bondit une dernière fois vers son maître et meurt dans ses bras. Il sera enterré en France, au cimetière d'Asnières. En neuf ans de carrière, Rintintin a joué dans 22 films et interprété 164 épisodes de ses aventures, incarnant pour toujours la mascotte du 101e de cavalerie.

Comment font les **crocodiles** pour entraîner leur **proie** au fond des rivières sans **avaler** de l'**eau** ?

Ils ont tous hérité de leurs ancêtres qui vivaient au jurassique supérieur, il y a 100 millions d'années, une particularité physique étonnante. Les 28 espèces de crocodiles et de caïmans, et l'unique espèce de gavial vivant, possèdent deux palais. Après avoir entraîné leur proie au fond de la rivière, le palais secondaire permet de maintenir celle-ci dans une étreinte de fer sans avaler d'eau, ni se noyer les poumons. Immanquablement, les victimes périssent par noyade.

Pourquoi les **chats ronronnent**-ils ?

C'est un signe de satisfaction. Quand il apprécie une caresse, la chaleur d'un foyer ou un bon repas, le chat ronronne. Plus rarement, il peut manifester ainsi qu'il est malade ou une certaine inquiétude.

160

Est-il **possible** que des **oiseaux attaquent** une ville comme dans le film d'**Hitchcock** ?

On n'a jamais connu, même à petite échelle, de tels comportements. Pourtant, le cinéaste s'est inspiré d'un fait réel. En 1961, des mouettes et des goélands attaquèrent à plusieurs reprises une ville de Californie, en la bombardant avec des anchois en partie digérés. Des chercheurs de l'université de Santa Cruz dissipèrent ce mystère en analysant les poissons : ils contenaient un produit toxique, de l'acide domoïque, une substance présente dans une algue marine ingérée par les anchois.

Quelle est la **différence** entre un **pingouin** et un **manchot** ?

Le manchot, à l'exception du manchot des Galapagos, vit au pôle Sud et ne vole pas. Le pingouin vole et habite les régions arctiques du pôle Nord. On trouve certaines espèces proches du pingouin, comme le guillemot ou le macareux, sous des latitudes plus clémentes, en France notamment.

Pourquoi les **mammouths** ont-ils **disparu** ?

On pense que les derniers ont été exterminés par l'homme il y a 10 000 ans. Aucun changement climatique, ni catastrophe planétaire ne peut être à l'origine de leur disparition. Ces animaux ont survécu aux différentes périodes glaciaires et migraient vers le nord pour éviter les fortes chaleurs. Leur seul prédateur : l'homme. Les hommes de Cro-Magnon guettaient leurs migrations bisannuelles et les piégeaient dans des fosses où ces animaux de 5 mètres de haut étaient achevés à coups de pieux et de pierres.

Quel est le plus **gros coquillage** ?

C'est le bénitier, un coquillage qui recueille l'eau bénite des églises depuis des siècles, d'où son nom. Parmi les 100 000 espèces de coquillages connus, celui-ci est le plus grand : 1,30 mètre de long, 250 kilos et 200 ans d'âge pour les plus vieux spécimens.

Pourquoi **entend-on** le bruit de **la mer** en collant son **oreille** à certains **coquillages** ?

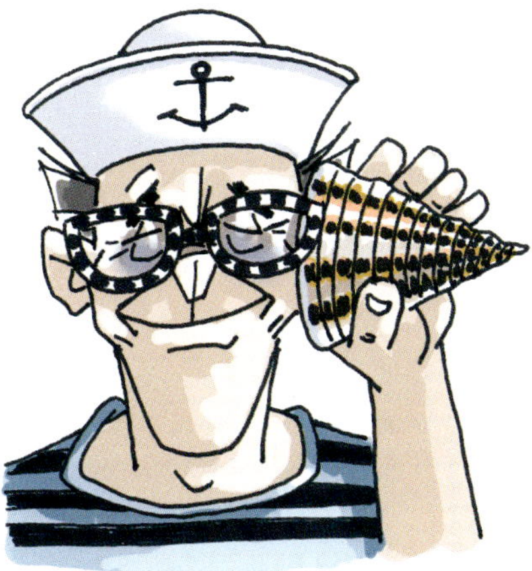

Le doux ressac que susurrent à nos oreilles les coquillages spiralés est en fait le bruit émis par la circulation sanguine de notre oreille. Celui-ci est amplifié par la caisse de résonance que constitue la coquille.

Quel a été le premier **animal dosmestiqué** par l'**homme** ?

Il y a 12000 ans l'homme a capturé de jeunes loups dans l'idée de les dresser à chasser. En sélectionnant les plus dociles, il en a fait plus qu'un compagnon de chasse, un animal de garde et même de compagnie : le chien. Ensuite, ont été successivement domestiqués les chèvres, il y a 9000 ans en Mésopotamie, les porcs, les moutons et les vaches, il y a 8000 ans au Proche-Orient, puis les poules, il y a 5000 ans en Chine. La domestication du chat revient aux Égyptiens, il y a 4000 ans. Quant au cheval, «la plus belle conquête de l'homme», il remonte il y a 3 à 5000 ans au nord de la mer Noire.

J'espère que la lecture de ce petit livre vous aura permis de faire progresser vos connaissances sur le monde fascinant des animaux. Vous voilà maintenant presque aussi calé qu'un vétérinaire ! D'ailleurs, pour en être sûr, voici pour finir un petit quiz. Toutes les questions qui le composent ayant été traitées dans le livre, vous n'aurez aucun mal à en venir à bout !

Les solutions sont en page 176.

Bonne chance !

Le Quiz final

Toutes les réponses aux 30 questions suivantes sont dans le livre. Les avez-vous bien en tête ?

1. À quel homme célèbre le ouistiti doit-il son nom ?

a ❑ Au naturaliste français Buffon.

b ❑ Au théoricien de l'évolution Darwin.

c ❑ À l'artiste français Marcel Duchamp.

2. Le voilier cosmopolite est un :

a ❑ Bateau naviguant sous un pavillon de complaisance.

b ❑ Poisson très rapide.

c ❑ Oiseau migrateur.

3. Si les oiseaux ne se lissaient pas les plumes, ils ne pourraient plus…

a ❑ Voler.

b ❑ Chanter.

c ❑ Dormir.

4. Quelle est la fonction première du chant des oiseaux ?

a ❑ Menacer ses rivaux.
b ❑ Manifester sa joie de vivre.
c ❑ Augmenter sa température corporelle.

5. Qu'est-ce que la résiline ?

a ❑ Une sorte de résine absorbée par les pucerons.
b ❑ Une colle secrétée par les araignées.
c ❑ Une substance qui permet aux puces de sauter.

6. Pourquoi les manchots marchent-ils en colonnes ?

a ❑ Pour se maintenir au chaud.
b ❑ Pour respecter la hiérarchie sociale.
c ❑ Pour ne pas se perdre.

7. Qu'appelle-t-on chromatophores ?

a ❑ Une famille de poissons lumineux des grandes profondeurs.
b ❑ Des lumières pour attirer les calmars.
c ❑ Des sacs qui pigmentent la peau des calmars.

8. Quel est l'aliment préféré du moustique mâle ?

a ❑ Le sang humain.
b ❑ Le nectar des fleurs.
c ❑ Le lait.

9. Quel est le point commun entre l'homme, le canard et le cochon chinois ?

a ❏ Ils ont le même régime alimentaire.

b ❏ Ils se transmettent la grippe.

c ❏ Ils ont la même formule sanguine.

10. Lequel des animaux est capable de s'accoupler 170 fois en 60 heures ?

a ❏ Le paresseux.

b ❏ L'Homme.

c ❏ Le lion.

11. À quelle distance les baleines sont-elles capables de communiquer ?

a ❏ 95 kilomètres.

b ❏ 850 kilomètres.

c ❏ 41 000 kilomètres.

12. Quelle est la réserve de fil que possède une araignée ?

a ❏ 2 kilomètres.

b ❏ 1 kilomètre.

c ❏ 150 mètres.

13. Qu'est-ce qu'une caravelle portugaise ?

a ❏ Une variété d'huîtres.

b ❏ Une méduse très dangereuse.

c ❏ Un oiseau proche du goéland.

14. Quel genre d'animal est le « nez d'éléphant » ?

a ❑ Un poisson qui émet un champ électrique.

b ❑ Un parasite installé dans la trompe de l'éléphant.

c ❑ Un singe doté d'un fort appendice nasal.

15. Pourquoi les aliments pour chiens sont-ils testés par des humains ?

a ❑ Parce que nous avons le même goût que les chiens.

b ❑ Parce qu'ils peuvent être consommés par les ménages.

c ❑ Pour éliminer les recettes malodorantes.

16. À qui appartiennent les sloughis, whippets et salukhis ?

a ❑ À la reine d'Angleterre, ce sont ses chiens préférés.

b ❑ À la famille des lévriers.

c ❑ À personne, ce sont des chevaux sauvages.

17. Quel est le surnom du dromadaire ?

a ❑ Son altesse suffisante.

b ❑ Le vaisseau du désert.

c ❑ Le roi des dunes.

18. À quoi servent les truites du réservoir d'eau douce de Montsouris, à Paris ?

a ❑ Elles éliminent les vers et autres parasites éventuels.

b ❑ Elles détectent la pollution.

c ❑ Elles sont destinées à la consommation du maire de Paris.

19. Quelle est la décharge que peut émettre l'anguille électrique du Brésil ?

a ❑ 12 volts.

b ❑ 220 volts.

c ❑ 650 volts.

20. Comment appelle-t-on le petit d'un tigre et d'une lionne ?

a ❑ Un tigron.

b ❑ On ne l'appelle pas, cette reproduction est génétiquement impossible.

c ❑ Un tigre à crinière.

21. Dans quel pays les morsures de serpents font-elles le plus de victimes ?

a ❑ Au Mexique.

b ❑ Au Sri Lanka.

c ❑ Au Congo.

22. Quel est le mammifère le plus répandu ?

a ❑ L'onagre.

b ❑ Le rat noir.

c ❑ Le yack.

23. Combien de mamelles a l'ornithorynque ?

a ❑ Aucune.

b ❑ Deux.

c ❑ Six.

24. En battant ses immenses oreilles, l'éléphant…

a ❑ Chasse les insectes qui l'importunent.

b ❑ Donne le signal du départ au clan.

c ❑ Abaisse sa température de 5 °C.

25. Quel plat est à l'origine de la pâtée pour chiens ?

a ❑ Le veau marengo.

b ❑ Le pemmican, bison séché des Indiens.

c ❑ Le steak tartare.

26. Quel est le plus gros animal ayant jamais vécu sur Terre ?

a ❑ Le diplodocus.

b ❑ Le brontosaure.

c ❑ La baleine bleue.

27. Pourquoi les mammouths ont-ils disparu ?

a ❑ À cause des grandes glaciations.
b ❑ Ils se sont transformés en éléphants.
c ❑ Les chasseurs préhistoriques les ont exterminés.

28. Quel animal l'homme a-t-il domestiqué en premier il y a 12 000 ans ?

a ❑ Le chien.
b ❑ Le chat.
c ❑ La poule.

29. D'où vient le bruit de la mer que l'on entend en collant son oreille à un coquillage ?

a ❑ C'est l'air qui sort du coquillage en tourbillonnant.
b ❑ C'est le bruit de notre circulation sanguine, amplifié par la coquille.
c ❑ On ne sait pas.

30. Comment le bébé kangourou trouve-t-il le chemin de la poche maternelle ?

a ❑ C'est sa mère qui le pousse.
b ❑ En suivant un filet de salive.
c ❑ Par hasard, après de multiples tentatives.

Réponses

1a — 2b — 3a — 4c — 5c — 6a — 7c — 8b — 9b — 10c
11b — 12a — 13b — 14a — 15c — 16c — 17b — 18b — 19c
20a — 21b — 22b — 23a — 24c — 25b — 26c — 27c — 28a
29b— 30b

Comptez vos bonnes réponses

Entre 0 et 9 bonnes réponses : les animaux, ça ne semble pas être votre rayon ! À moins que vous n'ayez fait le test sans avoir lu ce livre. Pas bien !

Entre 10 et 19 bonnes réponses : êtes-vous sûr d'avoir lu attentivement les 120 questions-réponses de ce livre ? Essayez encore une fois.

Plus de 20 bonnes réponses : bravo ! Les animaux n'ont plus de secrets pour vous. Envisagerez-vous une carrière de vétérinaire ?